So wird es gemacht:

Öffne das LÜK®-Kontrollgerät und lege die Plättchen in den unbedruckten Deckel. Jetzt kannst du auf den Plättchen und im Geräteboden die Zahlen 1. bis 24. sehen.

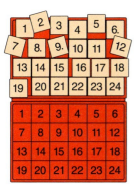

Beispiel: Seite 2
Im Zoo.
Nimm Plättchen 1., und suche die passende Lösung. Es ist „Braunbären" mit der Lösungszahl 12.
Das ist auch die Feldzahl im Kontrollgerät, auf die du das Plättchen legen musst. Lege also Plättchen 1. auf das Feld 12 im Geräteboden.
Die Zahl 1 soll nach oben zeigen.

So arbeitest du weiter, bis alle Plättchen im Geräteboden liegen. Schließe dann das Gerät und drehe es um.
Öffne es von der Rückseite.

Wenn du abgebildete hast du al

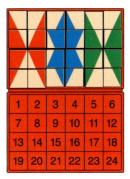

Passen einige Plättchen nicht in das Muster, dann hast du dort Fehler gemacht. Drehe diese Plättchen da, wo sie liegen, um, schließe das Gerät, drehe es um und öffne es wieder. Jetzt kannst du sehen, welche Aufgaben du falsch gelöst hast.

Nimm diese Plättchen heraus und suche die richtigen Ergebnisse. Kontrolliere dann noch einmal. Stimmt jetzt das Muster?

Das System ist für alle Übungen gleich: Die roten Aufgabennummern im Heft entsprechen immer den LÜK-Plättchen aus dem Kontrollgerät. Die Feldzahlen bei den Lösungen sagen dir, auf welche Felder im Kontrollgerät du die Plättchen legen sollst.

Und nun viel Spaß!

2 Einen Plan lesen lernen

1. Du bist am Eingang und willst zu den Papageien. An welchen Tieren kommst du vorbei?
   - Braunbären 12
   - Pinguine 10

2. Der Strauß teilt sich das Gehege mit den …
   - Kranichen. 15
   - Löwen. 11

3. Welche Tiere leben in Gehege 18?
   - Pinguine 7
   - Stachelschweine 9

4. Du bist bei den Braunbären und willst zu den Tigern. An welchen Tieren kommst du vorbei?
   - Giraffen 7
   - Papageien 11

5. Wie viele Toiletten gibt es im Zoo?
   - sieben 13
   - fünf 2

6. Was haben die Tiere in den Gehegen 2, 4 und 15 gemeinsam?
   - Es sind Vögel. 16
   - Es sind Fische. 18

7. Wie viele Spielplätze gibt es?
   - zehn 9
   - sechs 3

8. Du bist beim Museum für Naturkunde und Planetarium und willst zu den Giraffen. An welchen Tieren kommst du **nicht** vorbei?
   - an den Eseln 6
   - an den Pinguinen 1

9. Du bist bei den Nashörnern, gehst an den Elefanten vorbei weiter zu den Giraffen. Nun willst du auf den Spielplatz. An welchen Tieren gehst du vorbei?
   - Braunbären 7
   - Geparden 8

10. Was haben die Tiere in den Gehegen 10, 11 und 14 gemeinsam?
    - Ihre Namen fangen mit Z an. 3
    - Ihre Namen fangen mit G an. 1

11. Welche Tiere leben im Gehege 12?
    - Orang-Utans 5
    - Pinguine 9

12. Du bist am Eingang und willst zum Delfinarium. An welchen Tieren kommst du **nicht** vorbei?
    - Giraffen 4
    - Papageien 10

Im Zoo

4 Draufsicht und Schrägsicht

Welche zwei Abbildungen zeigen jeweils dasselbe Objekt?

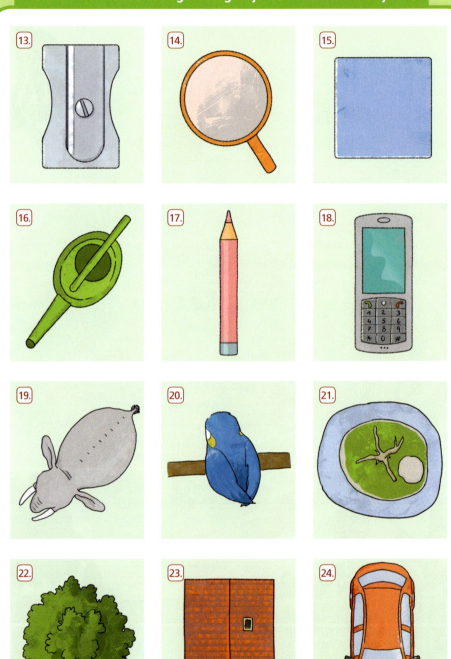

6 Von der Wirklichkeit zum Plan

Bild 1 zeigt ein Kinderzimmer aus der [1.]. Auf **Bild 2** siehst du dasselbe Zimmer aus der [2.]. **Bild 3** zeigt das Zimmer als [3.]. Anhand der rechts abgebildeten [4.] kannst du alle [5.] des Plans erklären. Auch den [6.] der Verkleinerung findest du hier.

| Plan 18 | Legende 16 | Maßstab 14 |
| Schrägsicht 15 | Zeichen 5 | Draufsicht 13 |

Der Maßstab gibt an, wie stark die [7.] im Plan verkleinert ist.
Einem Zentimeter auf dem Plan entsprechen 50 [8.] in der Wirklichkeit.
Auf dem Plan ist also alles 50-mal [9.] als in der Wirklichkeit.
Mit dem [10.] kannst du nachmessen, welche Entfernung in der Wirklichkeit einem Zentimeter im [11.] entspricht. Der Plan fasst die Elemente der Wirklichkeit mit unterschiedlichen [12.] zusammen,
sodass du einen guten Überblick bekommst.

| Farben 2 | Zentimeter 3 | Wirklichkeit 1 |
| Bild 4 | kleiner 17 | Lineal 6 |

Bild 1

8 Der Maßstab

Info

Ein Plan oder eine Karte bilden einen bestimmten Ausschnitt der Wirklichkeit ab. Anhand des Maßstabs erkennst du, wie stark dieser Ausschnitt verkleinert oder vergrößert ist. Ein Maßstab von 1:10 bedeutet zum Beispiel, dass die Wirklichkeit 10-mal verkleinert abgebildet wird. Je größer die Zahl hinter dem Doppelpunkt, desto kleiner ist der Maßstab.

13. Bei einem Maßstab von 1:25 entspricht 1 cm auf der Karte wie vielen Zentimetern in der Wirklichkeit?
- 25 cm — 21
- 50 cm — 13

14. Um die Wirklichkeit, z. B. dein Wohnhaus, auf einer Karte darzustellen, muss man alles …
- vergrößern. — 6
- verkleinern. — 19

15. Bei einem Maßstab von 1:50 entspricht 1 cm auf der Karte wie vielen Zentimetern in der Wirklichkeit?
- 50 cm — 23
- 30 cm — 2

16. Ein Stift ist 10 cm lang. Wie lang ist er bei einem Maßstab von 1:10?
- 100 cm — 16
- 1 cm — 22

17. Welche Karte hat den größeren Maßstab? 1:100 oder 1:1000?
- 1:100 — 7
- 1:1000 — 3

18. Je … der Maßstab, desto kleiner sind die Abbildungen.
- größer — 4
- kleiner — 24

19. Ein Schulranzen ist 50 cm lang. Wie lang ist er bei einem Maßstab von 1:25 abgebildet?
- 20 cm — 18
- 2 cm — 8

20. Der Maßstab 1:100 ist ein Maß für die …
- Verkleinerung. — 9
- Vergrößerung. — 5

21. Welche Karte hat den kleineren Maßstab? 1:50 oder 1:150?
- 1:50 — 14
- 1:150 — 11

22.	Bei einem Maßstab von 1:100 entspricht 1 Zentimeter auf der Karte wie vielen Zentimetern in der Wirklichkeit?	100 cm — 20 1000 cm — 1
23.	Je ... der Maßstab, desto größer ist der Bereich, der auf einer Karte oder auf einem Plan abgebildet werden kann.	kleiner — 10 größer — 15
24.	Ein Zimmer ist 500 cm lang. Wie lang ist es bei einem Maßstab von 1:100 abgebildet?	5 cm — 12 50 cm — 17

Maßstab 1:10

Maßstab 1:25

Maßstab 1:50

Maßstab 1:100

10 Himmelsrichtungen

Ergänze den Text.

Die richtige Bestimmung der ⟨1.⟩ kann uns bei der Orientierung helfen.
Die vier Haupthimmelsrichtungen werden mit ⟨2.⟩ abgekürzt:
N = Norden, S = Süden, W = ⟨3.⟩ und O = Osten.
Die Nebenhimmelsrichtungen werden durch Zusammensetzungen
der Buchstaben dargestellt: Nordwesten = NW, Südosten = SO usw.
Auf ⟨4.⟩ findet man den Norden fast immer oben.
Westen ist ⟨5.⟩ auf Karten, Osten rechts. Süden ist ⟨6.⟩ auf den Karten.
Die Erde ist ein riesiger ⟨7.⟩. In der Nähe vom Nord- und Südpol liegen
die Magnetpole der Erde. Die ⟨8.⟩ ist ebenfalls magnetisch.
Deshalb richten sich Kompassnadeln auch immer in Richtung der ⟨9.⟩ aus.
Die besonders gekennzeichnete Nadelspitze zeigt dabei nach Norden.
Man kann die Himmelsrichtungen nicht nur mit dem ⟨10.⟩ bestimmen.
Da bei uns der Wind oft aus Westen kommt, wachsen frei stehende Bäume
häufig nach ⟨11.⟩. ⟨12.⟩ wächst vor allem auf der Nordseite von Bäumen.
Waldameisen legen ihre Nester eher an der Südseite eines Baumes an.

Kompassnadel 17	Pole 7	Magnet 3	links 1
Osten 6	unten 10	Buchstaben 9	Karten 12	Moos 4
Himmelsrichtungen 23	Kompass 14	Westen 20

Wahr oder falsch?

		☺	☹
13.	N bedeutet Südpol.	20	11
14.	Die Sonne geht im Osten auf.	21	7
15.	Bei Karten ist Norden fast immer oben.	19	17
16.	Der Kompass zeigt immer nach Westen.	10	24
17.	Der Kompass wurde vor ungefähr 2000 Jahren erfunden.	15	1
18.	O bedeutet Ostern.	23	8
19.	Die Sonne geht im Osten unter.	6	16
20.	Südwesten liegt zwischen Süden und Osten.	9	5
21.	S bedeutet Süden.	13	14
22.	Nordosten liegt zwischen Norden und Osten.	22	3
23.	Der Kompass zeigt die Himmelsrichtungen an.	18	4
24.	W bedeutet Westen.	2	12

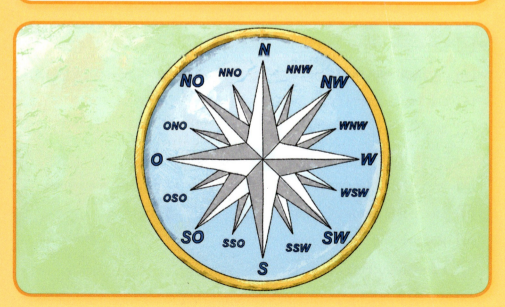

12 Unser Sternenhimmel

Info

Heute orientieren wir uns mit Plänen und Karten. Früher war das anders: Seefahrer haben sich vor 2000 Jahren tagsüber am Stand der Sonne und nachts an den Sternen und den Sternbildern orientiert.

1. Der Polarstern steht im …
2. Unser Sonnensystem ist … Jahre alt.
3. Insgesamt gibt es am Himmel 88 …
4. Der Große Wagen wird auch … genannt.
5. 12 Sternbilder stellen die … dar.
6. Die Sonne ist ein …
7. Millionen von Sternen bilden die …
8. Sterne leuchten …
9. In … oder Observatorien beobachten Astronomen den Sternenhimmel.
10. Sterne sind riesige glühende …
11. Planeten sind … der Sterne.
12. Planeten leuchten …

selbst.
17

Milchstraße.
13

Sternbilder.
10

nicht.
14

14 Die physische Karte

Physische Karten informieren über die Form und Beschaffenheit der ⑬.
Sie stellen zum Beispiel den Verlauf von Flüssen und Kanälen dar und zeigen,
wo sich Berge und ⑭ befinden. Auch Meere und ⑮ werden abgebildet.
Abhängig von ihrer Größe und ⑯ erscheint ihr ⑰ auf der Karte.
Zur besseren ⑱ werden zusätzlich die großen Städte aufgeführt.

Orientierung 22   Inseln 21

Erdoberfläche 11   Name 1

Täler 7   Bedeutung 12

Alle mit Namen genannten [19.] Elemente findest du im [20.]. Auch die hohen [21.]. Ihre [22.] kannst du an sogenannten [23.] ablesen. Auf physischen Karten werden Blockbilder mithilfe von Höhenlinien und [24.] abgebildet.

Höhenschichten 16   Höhe 8   Berge 15

Blockbildern 6   Register 5   geographischen 2

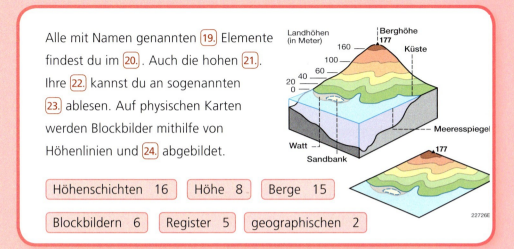

16 Höhen auf Karten darstellen

Landschaften liegen unterschiedlich hoch. Um die verschiedenen Höhen auf einer Karte darzustellen, verwendet man Höhenlinien und Höhenschichten. Das folgende Experiment zeigt dir, wie der Berg auf die Karte kommt.

Schneide die Hälfte einer [1.] in vier gleich dicke Scheiben.

Pieke die Kartoffelscheiben mit den beiden Holzstäbchen zusammen. Markiere mit den Stäbchen deutlich [2.] Druckstellen auf dem Papierbogen.

Lege die größte Scheibe auf das Papier. Achte darauf, dass die Holzstäbchen auf den [3.] stecken.
Umfahre die Scheibe mit einem [4.]

Lege auch die zweite, die dritte und die vierte [5.] auf das Papier. Umfahre auch sie mit dem Stift.

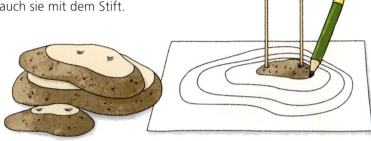

Die [6.], die du gezeichnet hast, sind die [7.]. Den höchsten Punkt markierst du mit einem [8.]. Diese Höhenpunkte markieren [9.], zum Beispiel Berggipfel. Die Höhenangaben erfolgen in [10.] über dem [11.].

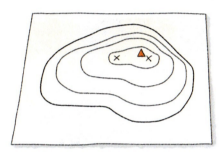

Wenn du die Umrisse farbig ausmalst, erhältst du die [12.].

zwei 9	Höhenlinien 3	Stift 8	Metern 6	Kartoffel 7
Umrisse 10	Druckstellen 12	Dreieck 1	Kartoffelscheibe 5
Landhöhen 11	Meeresspiegel 2	Höhenschichten 4

18 Landschaften auf Karten erkennen

Was ist hier abgebildet?

In Deutschland findest du sehr unterschiedliche Landschaften. Der Norden mit dem Tiefland ist in der Regel flacher als der Süden mit seinen Gebirgen. Zahlreiche große Flüsse entspringen in den Gebirgen und durchziehen das ganze Land, bevor sie in die Nord- oder Ostsee münden.

Insel Amrum in der 13.

Kap 14. auf 15. in der 16.

Marsch bei 17.

Spreewald in der 18.

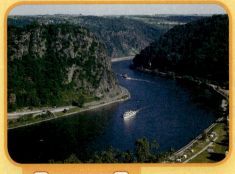
19.-Felsen am 20.

Sankt 21. im 22.

Alpenvorland 14	Ostsee 20
Peter 17	Arkona 21
Loreley 16	Rügen 23
Ostfriesland 15	Lausitz 24
Alpen 18	Schwarzwald 22
Rhein 13	Nordsee 19

23., das Hochland vor den 24.

20 Die Kartenlegende

Ordne die Begriffe zu.

Zu jedem [1.] und jeder Karte gehört eine **Legende**.
Das Wort Legende stammt von dem [2.] Wort „legenda" ab und bedeutet
„das zu Lesende". Die Legende ist somit die [3.] eines Plans oder einer Karte.
Sie erklärt die verschiedenen Symbole auf der Karte: die farbigen Flächen,
Linien und Punkte. Diese [4.] heißen auch **Signaturen**.
Auch die unterschiedlich großen [5.] auf der Karte werden in der Legende
genau erklärt: Großstädte werden mit größeren Buchstaben aufgeführt,
kleinere [6.] mit kleinerer Beschriftung. Die Legende befindet sich meistens
am [7.] einer [8.]. Sie enthält jeweils die Signatur und
deren Beschreibung: ===== [9.]. Auch der [10.] ist in jeder Legende enthalten.
So kannst du sehen, wie stark die [11.] auf der Karte [12.] wurde.

Plan 23	Karte 17	Zeichenerklärung 20	Kartenzeichen 24
verkleinert 16	lateinischen 21	Orte 22	Autobahn 19
Maßstab 14	Rand 15	Wirklichkeit 18	Schrifttypen 13

Sind das Bestandteile der Legende?

		☺	☹
13.	Maßstab	11	24
14.	Grundriss	20	9
15.	farbige Flächen	7	10
16.	Signaturen	12	23
17.	Register	13	3
18.	Fotos	9	8
19.	Beschreibung der Signatur	4	14
20.	Schrägsicht	17	5
21.	Blockbild	1	3
22.	Himmelsrichtungen	19	10
23.	Kartenschriften	6	18
24.	Gitternetz	4	2

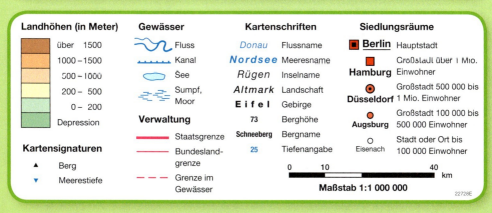

22 In der Stadt unterwegs – Signaturen

Ordne die Signaturen zu.

 1. Restaurant
 2. Spielplatz
 3. Eisenbahn
 4. Straße
 5. Information
 6. Krankenhaus
 7. Parkplatz
 8. Kirche
 9. Museum
 10. Schule
 11. Friedhof
 12. Bushaltestelle

24 Sich in einer Stadt zurechtfinden – das Planquadrat

Planquadrate sind Teile eines Gitternetzes und dienen der Orientierung auf Plänen oder Karten. Ein Gitternetz ist meistens mit Buchstaben und Zahlen markiert, damit jedes Planquadrat einem Buchstaben und einer Zahl zugeordnet werden kann. Mithilfe eines Registers können über die Planquadratsuche einzelne Orte einfacher und schneller gefunden werden.

Wo befinden sich folgende Straßen, Orte …?

#	Ort			#	Ort		
1.	Rathaus	13	B 2	13.	Gesundheitsamt	1	B 2
		7	A 2			19	A 4
2.	Finanzamt	9	A 2	14.	Hallenbad	21	A 2
		15	A 3			3	C 2
3.	Campingplatz	24	C 3	15.	Freibad	23	B 4
		6	B 3			5	B 2
4.	Information	2	B 2	16.	Bahnhof	14	A 3
		20	C 2			8	A 4
5.	Polizei	17	A 2	17.	Falterturm	21	A 2 – B 2
		11	B 2			3	B 2 – C 2
6.	Alte Mainbrücke	22	C 1	18.	Feuerwehr	12	C 4
		4	B 1			18	B 2
7.	Richthofenstraße	9	C 1	19.	Fußgängerzone	10	B 2
		15	C 2			16	C 1
8.	Städtischer Bauhof	7	A 3	20.	Mondseeinsel	19	B 2 – B 3
		13	A 4			1	A 1
9.	Friedhof	11	C 2	21.	Flugplatzstraße	5	B 1 – A 1
		17	A 2			23	B 1 – C 1
10.	Sportzentrum Sickergrund	6	C 2	22.	Nordtangente	16	B 1
		24	C 3			10	A 4
11.	Fischteiche	2	A 4	23.	Festplatz	14	A 2 – A 3
		20	C 2			8	B 1 – B 2
12.	Konrad-Adenauer-Brücke	22	B 2	24.	Amtsgericht	18	B 2
		4	B 1			12	A 2

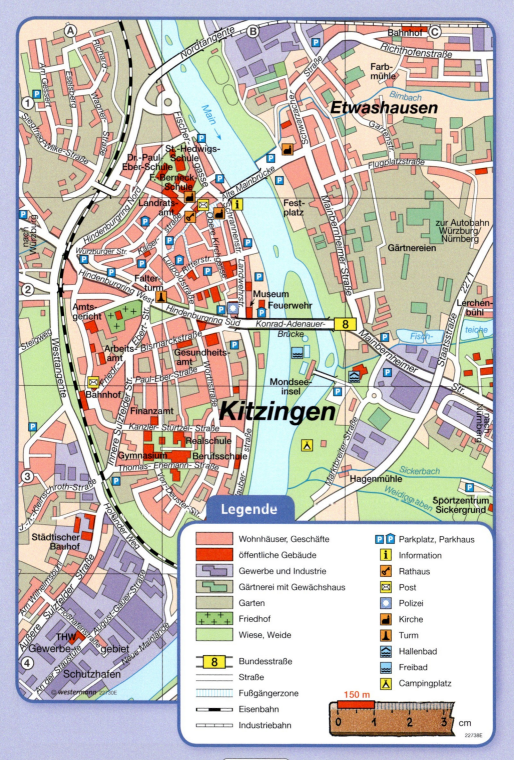

26 Mit dem Register arbeiten

Wichtige Länder, Orte, Flüsse usw. sind mit Namen in Karten verzeichnet. Diese Namen stehen alphabetisch geordnet auch im Register.
Hinter jedem Eintrag steht eine Seitenzahl. Sie zeigt dir, auf welcher Seite im Atlas du das Gesuchte findest. Der Buchstabe und die zweite Zahl geben das passende Planquadrat an.

#	Eintrag			#	Eintrag		
1.	Bukarest	9	15, B 5	13.	Chiemsee	11	33, C 6
		5	34, C 3			3	35, A 6
2.	Donau	17	22, A 3	14.	Donnersberg	4	13, A 4
		3	36/37, B 3			16	13, A 5
3.	Elbe	5	36/37, B 1	15.	China	7	41, E 2
		2	36/37, B 2			11	40, E 2
4.	Ebro	1	18/19, B 2	16.	Costa Rica	12	40, B 2
		6	36/37, A 3			19	39, A 6
5.	Dänemark	13	34, B 2	17.	Frankenberg	18	16/17, D 8
		20	29, C 4			21	14/15, D 3
6.	Fränkische Alb	4	33, C 5	18.	Fürth	21	36/37, D 1
		22	39, A 4			8	16/17, D 9
7.	Bulgarien	10	34, C 3	19.	Dresden	22	33, D 4
		14	13, A 1			23	13, A 1
8.	Budapest	6	16/17, D 8	20.	Färöer	7	18/19, B 2
		17	34, C 3			23	36/37, B 1
9.	Frankreich	1	34, A 3	21.	Fichtelgebirge	15	32, C 4
		16	34, C 3			19	33, C 4
10.	Finnische Seenplatte	14	36/37, C 1	22.	Darmstadt	15	16/17, D 8
		8	11, A 5			13	16/17, D 9
11.	Dortmund	2	18, B 3	23.	Dschibuti	24	41, D 2
		18	13, A 1			12	34, C 2
12.	Ebbe	9	13, A 2	24.	Europa	20	5, D 2
		24	13, A 1			10	11, A 5

Register (Ausschnitt)

...emberg	Breitenbach 14/15, F 4	Diemel 14/15, D 1	Elz 16/17, B 6	Fulda (Fluss) 14/15, F 4	Großbritannien 36/37, A 2	Heid...
..., B 2	Breithardt 16/17, B 7	Diemeltalsperre 14/15, O 2	Emsbach 16/17, B 7	Fulda (Stadt) 14/15, F 5	Großburschla 14/15, H 3	Heilb... 13, ...
...2	Breitscheid 14/15, B 5	Dietzenbach 16/17, D 8	Eppertshausen 16/17, D 8	Fulda (Landkreis) 31, D 3	Großen-Buseck 14/15, D 5	Helpt... Helsi...
.../37, A 3	Bremen 30, A 1	Diez 13, A 4	Eppstein 16/17, C 7	Fürth 16/17, D 9	Großenlüder 14/15, F 5	Henn... 13, ...
...sel	Brensbach 16/17, D 9	Dill 14/15, C 5	Erbach 16/17, E 9	Fussingen 14/15, B 5	Großer Arber 33, C 6	Hepp...
... C 4	Breuna 14/15, E 2	Dillenburg 14/15, C 5	Erda 14/15, C 5		Großer Feldberg 13, B 4	16/1...
...41, E 2	Brilon 13, B 1	Dingelstädt 13, D 2	Erfa 13, C 5		Groß-Felda 14/15, E 5	Herb...
..., C 2	Britische Inseln 36/37, A 2	Dipperz 14/15, G 5	Erfurt 30, B 3		Groß-Gerau 16/17, C 8	Herin... Herle...
...4/15, C 3	Bromskirchen 14/15, C 3	Dnipro 36/37, C 3	Eritrea 41, D 2		Groß-Gerau (Landkreis) 31, B 5	14/1...
... 6	Bruchköbel 16/17, D 7	Dnister 36/37, C 3	Erpe 14/15, F 5		Großkrotzenburg 16/17, D 7	Hers... (La...
...15, F 3	Brunei 41, E 2	Dominica 40, B 2	Erzgebirge 33, C 4			Herz...
...15, F 2	Brüssel 14, B 7	Dominikanische Republik 40, B 2	Erzhausen 16/17, C 8	Gabun 41, D 3	Groß-Umstadt 16/17, D 8	Hess... Hess...
...Wald	Buchen 13, C 6	Don 36/37, D 2	Esch 16/17, C 7	Gambia 40, C 2	Groß-Zimmern 16/17, D 8	Hess...
...3	Budapest 34, C 3	Donau 36/37, B 3	Eschborn 16/17, C 7	Gedern 16/17, E 6		14/1...
... G 4	Büdingen 16/17, E 7	Donnersberg 13, A 5	Eschkopf 13, A 6	Geiersberg 13, C 5	Grünberg 14/15, D 5	Heub...
...6/17, D 10	Büdinger Wald 13, C 4	Dorcheim 14/15, B 5	Eschwege 14/15, G 3	Geisenheim 16/17, B 8	Gründau 16/17, E 7	Heuc...
...5, B 5	Bukarest 34, C 3	Dorlar 14/15, C 5	Eselshöhe 13, C 4	Gelnhausen 16/17, E 7	Gründchen 14/15, F 5	14/1...
... F 3	Bulgarien 34, C 3	Dörnberg 14/15, E 2	Esse 14/15, F 1	Gelster 14/15, G 2	Grünstadt 13, A 6	Heus...
...3 2	Büren 13, B 4	Dortmund 13, A 1	Essen 33, A 3	Gemünden 14/15, D 4	Guatemala 40, B 2	16/1...
... C 3	Burg Waldeck 14/15, D 2	Dreihausen 14/15, D 5	Estland 34, C 2	Gensungen 14/15, F 3	Gudensberg 14/15, E 3	Hilde...
...2	Burghaun 14/15, F 5	Dreistelz 13, D 4	Ettelsberg 14/15, C 2	Gernsheim 16/17, C 9	Guinea 40, C 2	Hima...
.../17, C 9	Burgwald 13, B 3	Dresden 33, D 4	Europa 5, D 2	Gersfeld 16/17, G 6	Guinea-Bissau 40, C 2	Hind... Hinte...
...14/15, F 2	Burkina Faso 4, C 2	Driedorf 14/15, B 5		Gersprenz 16/17, D 9	Gummersbach 13, A 2	Hirsc... Hirze...
...and-	Bürstadt 16/17, C 9	Dschibuti 41, D 2		Gerstungen 13, D 2	Guxhagen 14/15, F 3	Hoch...
...5	Burundi 41, D 3	Dublin 34, A 2		Ghana 41, C 2	Guyana 40, C 2	Höch...
...esland)	Büttelborn 16/17, C 5	Duderstadt 13, D 1	Färöer 36/37, B 1	Giebringshausen 14/15, D 2		Hoch... Hoch...
...tstadt)	Butzbach 16/17, C 6	Dün 13, D 3	Felda 14/15, E 5	Gieselwerder 14/15, F 1		31, ...
		Düsseldorf 30, A 2	Felsberg 14/15, E 3	Gießen 14/15, D 5		Hofa...
...7, B 6			Fichtelgebirge 33, C 4	Gießen (Landkreis) 31, B 3	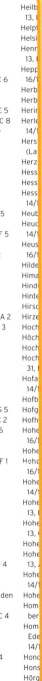	14/1... Hofb...
... E 3			Fidschi 41, F 3	Gießen (Regierungsbezirk) 31, B 3		Hofg...
...2	Calden 14/15, F 2		Finkenbach 17, D 10	Giflitz 14/15, E 3		Hofh...
... C 9	Calypsotief 36/3, C 4	Ebbe 13, A 2	Finnische Seenplatte 36/37, C 1	Gilsa 14/15, E 3	Haar 13, A 1	Hohe...
... C 5	Chiemsee 33, C 6	Eberbach 13, C 6	Finnland 34, C 1	Gilserberg 14/15, E 4	Habelberg 14/15, G 5	14/1...
...6/17, C 9	Chile 40, B 3	Ebro 36/37, A 3	Flieden 16/17, F 6	Ginsheim-Gustavsburg 16/17, C 8	Habichtswald 13, C 2	Hofb...
...6/17, C 9	China 41, E 2	Ebschloh 13, B 2	Flörsheim 16/17, C 8	Gladenbach 14/15, C 4	Hadamar 16/17, B 6	Hohe...
...4/15, C 4	Chișinău 34, C 3	Echzell 16/17, D 6	Frankenau 14/15, D 3	Glan 13, A 5	Haff 33, D 1	16/1...
...5, F 2	Cölbe 14/15, D 4	Ecuador 40, B 3	Frankenberg 14/15, D 3	Glashütten 16/17, C 7	Hahneberg 14/15, F 1	Hohe...
...re	Cornberg 14/15, G 3	Eder 14/15, E 3	Frankenhöhe 13, D 6	Goddelau 16/17, C 8	Haiger 14/15, B 5	16/1...
...	Costa Rica 40, B 2	Edersee 14/15, D 3	Frankenthal 13, A 6	Goddelsheim 14/15, D 3	Haina 14/15, D 3	Hohe...
...17, D 10	Côte d'Ivoire (Elfenbeinküste) 40, C 2	Egelsbach 16/17, D 8	Frankershausen 14/15, G 2	Gönnern 14/15, C 4	Haiti 40, C 2	14/1...
..., G 2	Cottbus 33, D 3	Eggegebirge 13, B 1	Frankfurt 16/17, D 7	Gotland 36/37, B 2	Halbinsel Kola 36/37, C 1	Hohe... 13, ...
...5	Crumbach 14/15, F 2	Ehrenberg 14/15, G 5	Frankfurt (kreisfreie Stadt) 31, B 4	Göttingen 13, D 1	Hamburg 30, B 1	Hohe...
...y, E 6		Ehringshausen 14/15, C 5	Fränkisch-Crumbach 16/17, D 9	Grabfeld 13, D 4	Hamm 13, A 1	13, ...
...ı		Eibelshausen 14/15, C 4	Fränkische Saale 13, D 4	Grävenwiesbach 16/17, C 6	Hammelbach 16/17, D 9	Hohe...
... B 3		Eichenzell 14/15, F 5	Fränkische Alb 33, C 5	Grebenau 14/15, F 5	Hammelberg 13, D 4	13, ...
..., E 3		Eichsfeld 13, D 2	Frankreich 34, A 3	Grebendorf 14/15, G 2	Hanau 16/17, D 7	Hohe...
...3		Einhausen 16/17, C 9	Freiensteinau 16/17, F 6	Grebenhain 14/15, E 5	Hannover 30, B 2	14/1...
... Herze-	D.R. Kongo (Zaire) 41, D 3	Einrich 13, A 4	Frickhofen 14/15, B 5	Grebenstein 14/15, F 1	Hannoversch Münden 13, D 1	Hohe...
... B 3	Dänemark 34, B 2	Eisenach 13, D 2	Friedberg 16/17, D 6	Greifenstein 14/15, B 5	Hartenrod 14/15, C 4	Hom... ber...
.../37, C 3	Darmstadt 16/17, D 8	Eisenroth 14/15, C 5	Friedewald 14/15, G 4	Grenada 40, B 2	Harz 13, D 1	Hom...
... D 3	Darmstadt (kreisfreie Stadt) 31, B 5	Eiterfeld 14/15, G 4	Friedlos 14/15, F 4	Grenff 14/15, F 4	Hattersheim 16/17, C 7	Ede...
... E 6		El Salvador 40, B 2	Friedrichsdorf 16/17, C 7	Griechenland 34, C 4	Hatzfeld 14/15, C 4	14/1...
..., C 1	Darmstadt (Regierungsbezirk) 31, B 4	Elbbach 13, A 3	Frielendorf 14/15, E 4	Griesheim 16/17, C 8	Haune 14/15, F 5	Honc...
...7, D 9		Elbe (Fluss zur Nordsee) 36/37, B 2	Fritzlar 14/15, E 3	Grönland 5, C 1	Hawaii 40, A 2	Hons...
... 30, C 2	Darmstadt-Dieburg (Landkreis) 31, B 5	Elbe (Fluss zur Eder) 14/15, E 2	Frohnhausen 15, D 5	Großalmerode 14/15, F 2	Hebenshausen 14/15, G 2	Hörg... Horlo...
... B 3	Dautphe 14/15, C 4	Elbsandsteingebirge 33, D 4	Fuchskauten 13, A 3	Groß-Bieberau 16/17, D 9		Hörn...
...15, C 5	Der Kanal 36/37, A 2	Ellerspring 13, A 5				
..., B 6	Deutschland 34, B 2	Elsenz 13, B 6				
	Die Struth 13, B 3	Eltville 16/17, B 8				
..13, B 2	Dieburg 16/17, D 8					

28 Wie Städte entstehen

Info

Städtegründungen erfolgen nicht zufällig. Menschen siedeln meist an Orten, die eine nützliche Funktion für sie erfüllen.

Früher taten sie das zum Beispiel
- an der Kreuzung von Handelsstraßen,
- an Stellen, an denen ein Fluss gut zu überqueren war,
- am Meer, weil hier Güter über einen Hafen schnell verschifft werden konnten,
- an Orten, die als Heerlager genutzt wurden, z. B. von den Römern.

		☺	☹
1.	Trier hieß zur Zeit der Römer Augusta Treverorum.	19	1
2.	Bremen entstand an einem Übergang der Weser.	23	17
3.	Lübeck liegt an der Nordsee.	3	22
4.	Essen liegt am Westfälischen Hellweg*.	20	11
5.	Freiburg wurde von den Römern gegründet.	22	15
6.	Hamburg entstand rund um die Hammaburg.	24	8
7.	Regensburg hieß zur Zeit der Römer Castra Regina.	18	15
8.	Leipzig wurde auf den Fundamenten eines römischen Heerlagers gegründet.	24	14
9.	Dresden entstand an einem Elbübergang.	21	19
10.	Die Gründung von Berlin geht auf die Hanse zurück.	13	16
11.	Stuttgart ist eine der ältesten Hafenstädte Deutschlands.	9	13
12.	Erfurt entstand an der wichtigsten Handelsstraße des römischen Reiches: der Via Appia.	6	17

Legende

Siedlungsfläche	Bebauung	Fluss und Nebenfluss	Kirche, Kloster
Wiese, Garten, ggf. Ackerland	Friedhof	*Trave* → Flussname und Fließrichtung	wichtiges Gebäude
Stadtmauer mit Tor	Stadtmauer mit Graben	Kanal	

* Hellweg – alter Name für wichtige Fernhandelsstraßen

Trier zur Zeit der Römer

Lübeck im 14. Jahrhundert

Dresden um 1500

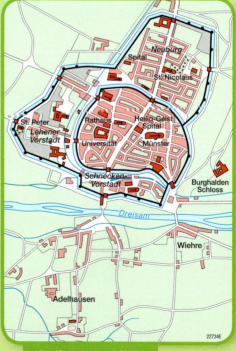
Freiburg um 1650

Verschiedene Karten

Info

Mithilfe von Karten lassen sich die unterschiedlichsten Informationen anschaulich darstellen. **Physische Karten** informieren über Erhebungen und Vertiefungen, also über Berge und Gebirge, Täler und Tiefebenen.
Sie zeigen, wo sich diese befinden und wie hoch oder tief diese sind.
Anhand von physischen Karten lassen sich außerdem der Verlauf von Meeren und Flüssen sowie die Position von Seen erkennen.
Auf einer **thematischen Karte** wird ein bestimmter Sachverhalt grafisch dargestellt. So lassen sich zum Beispiel die Bevölkerungsdichte, das Vorkommen bestimmter Bodenschätze, die Wirtschaftsleistung einzelner Länder oder auch die Vegetation eines Gebietes anhand von verschiedenen Farben wiedergeben.
Politische Karten sind auch thematische Karten.
Die wichtigsten Bestandteile dieser Karten sind die Ländergrenzen und die Ländernamen. Zur besseren Unterscheidung sind die Länder verschieden eingefärbt.
Karten, die die Vergangenheit abbilden, heißen **Geschichtskarten**.
Straßenkarten und **Wanderkarten** hingegen sollten immer auf dem neuesten Stand sein, denn sie dienen Autofahrern, Radfahrern, Fußgängern oder Wanderern zur Orientierung. Mit dem Auto können Strecken schneller zurückgelegt werden als zu Fuß. Straßenkarten haben deshalb meist einen kleineren Maßstab als Wanderkarten.

Thematische Karte

Politische Karte

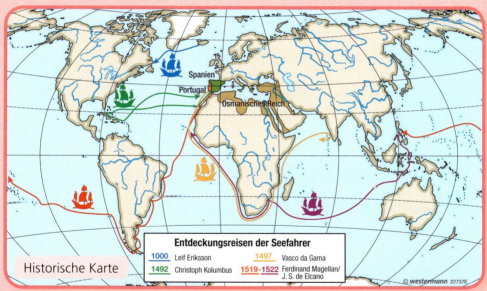

Historische Karte

Entdeckungsreisen der Seefahrer
- 1000 Leif Eriksson
- 1492 Christoph Kolumbus
- 1497 Vasco da Gama
- 1519-1522 Ferdinand Magellan/ J. S. de Elcano

Wahr oder falsch?

		😊	☹
13.	Mit den Farben auf einer politischen Karte kann man die Landhöhen bestimmen.	23	8
14.	Auf Straßenkarten ist die Vegetation eingezeichnet.	14	12
15.	Straßenkarten und Wanderkarten haben denselben Maßstab.	8	9
16.	Wanderer legen in einer Stunde kürzere Strecken als Autofahrer zurück.	7	20
17.	Auf politischen Karten hat jedes Land eine eigene Farbe.	4	5
18.	Auf einer thematischen Karte wird ein bestimmter Sachverhalt veranschaulicht.	10	16
19.	Es gibt verschiedene thematische Karten.	6	21
20.	Wie hoch ein Berg ist, kannst du mithilfe einer Geschichtskarte herausfinden.	18	1
21.	Eine politische Karte ist eine thematische Karte.	3	10
22.	Es gibt spezielle Karten für Radfahrer und Wanderer.	11	10
23.	Auf einer thematischen Karte kann man sehen, wo es Bodenschätze gibt.	2	5
24.	Wenn du etwas über die Vergangenheit, zum Beispiel über die Römer, erfahren möchtest, schaust du in einer Geschichtskarte nach.	4	2